Textes et illustrations
de Françoize Boucher

IT'S NOW

W0402593

toc toc

Hello mon Chou !
Ça boume ??
J'ai écrit ce livre
car je crois
que le monde
est tombé
sur la tête !

J'ai très envie
de faire quelque chose
et de t'embarquer
avec moi !

Nathan

Et si tu décidais aujourd'hui de te faire du bien, de faire du bien autour de toi et de faire du bien à la planète ?

Coche vite une des 3 cases

Si tu coches 1, bravo !!

Si tu coches 2, lis ce livre pour te motiver

Si tu coches 3, dommage… mais je t'aime quand même

YES! YES! YES!

Ouais, je sais ...
ça peut paraître
un peu con
et naïf...

Mais si chacun
de nous s'aimait
un peu plus...

Et si on aimait
encore plus la vie,
les humains
et tout le vivant
en général...

Ben le monde
irait beaucoup
mieux !!!

Y'a pas
plus basique
comme concept !

Mais basique
ça veut pas
dire con, hein !

VE
ALL!

Cocotte,
ma conscience
supérieure
Les humains,
la planète,
ça ne va pas
très fort en ce moment...
C'est le bordel !
Il est temps
de se réveiller
et de se bouger
les fesses !
Oui je sais
ma chère Cocotte,
regarde : j'ai dessiné
ce qu'il nous faut.
Yes !
OK !

SALUT ! JE SUIS UNE SUPER PRISE DE CONSCiENCE COLLECTIVE !!!
Mettez tous vos jolis doigts dans mes trous !
Pigé !!
REÇU 5/5 !
ON VA FAIRE NOTRE MAX !!!
GODDESS

Petit dialogue avec ta conscience supérieure

Je te rassure, tout le monde en possède une ! Donc toi aussi ! C'est comme un **SUPER TOI**, qui existe au-dessus du brouhaha de ton mental. Elle est **super intelligente**, **super intuitive**, ne désire que ton **plus grand bien** et te guidera toujours dans la **meilleure direction** si tu sais l'écouter. Bref, elle t'empêche de faire des conneries et des mauvais choix, **c'est cool non** ? Mais pour entendre sa voix, tu as besoin de **paix** et de **silence** !

Je suis ta meilleure copine ! Fais-moi confiance.
SUPER TOI
Waouh ! Mais c'est tellement génial de savoir que tu existes…
TOI

Tout ce que tu penses, dis, choisis, fais aujourd'hui crée ta réalité de demain !

Hé oui mon chou ! Chacun de tes **choix**, même le plus minuscule, a un **impact positif** ou négatif sur la suite de ton existence et sur ton environnement.
C'est **une loi de la vie** ! Si ce n'est pas clair pour toi, pourquoi ne pas essayer de méditer un peu ce message ?

Au début je croyais que c'était n'importe quoi cette phrase...
mais en fait, WOW ! c'est juste HYPER LOGIQUE !
J'adore tellement cette idée que je l'ai imprimée partout !
Je fais gaffe !
Tout ce que je pense, dis, choisis, fais aujourd'hui crée ma réalité de demain !
Et je me crée une vie canon !
Mes pensées, mes paroles, mes choix, mes actions ont un impact !
Je fais gaffe !

Et si tu commençais par te concentrer

sur **tout ce qui va bien**

pour toi et autour de toi ?

Sur **tes rêves,**

tes envies,

tes désirs

pour toi, tes proches

et pour le monde ?

C'est super magique !

Tu vas voir !

Ça change ton énergie

et donc

ça change ta vie !

Note : ça ne t'empêche pas d'être lucide !

clic !
clac !
FOCUS ON THE POSITIVE BABY !
RAPPEL
la vie est chouette !!!
RAPPEL
ça va aller !
RAPPEL
quels sont mes désirs et mes rêves ?
RAPPEL
Yes ! I can !
Crée des rappels motivants sur ton téléphone !
Tu vas attirer de plus en plus de trucs chouettes tu verras !
RAPPEL
VIVE MOI! JE SUIS SUPER!!!
RAPPEL
Je crois aux MIRACLES !!!

YOU HAVE
POWER
BABY!
Chaque lecteur a un pouvoir immense !
Ouais ! Vas-y Françoize, motive-les !
Si tu penses que tu es trop petit pour faire une différence, tu te trompes Darling : pense à moi !

Si nous avançons tous ensemble chaque jour,
pas à pas, vers le **monde dans lequel nous rêvons de vivre**, nous allons le créer.
C'est le **pouvoir infini et merveilleux du collectif**.
Et chaque humain en bénéficiera !
C'est pas **génial** comme programme ?

ASCENSEUR POUR ÉLEVER TA CONSCIENCE ÉCOLO

(ET TA CONSCIENCE TOUT COURT !)

Hé !
Des millions de personnes
dans le monde
ont déjà pris
cet ascenseur fabuleux !
Tu ne vas pas rester
tout seul
au rez-de-chaussée,
hein ?

Non, tu n'es pas obligé.e de partir vivre à poil dans la forêt...

Détends-toi Darling !
Je ne vais pas te demander de changer complètement de vie. De partir vivre nu.e au cœur de la nature sauvage, de te nourrir de glands et de racines, de dire adieu à ton portable, de te laver les fesses et les cheveux à l'eau de pluie ou de n'avoir pour amis que d'horribles bêtes des sous-bois.
Tu pourrais juste apporter quelques **changements** à tes habitudes, à ta façon de penser, de consommer et d'agir. **Ajuster tes valeurs, choisir ce en quoi tu veux croire, quelle vie et quel monde tu as envie de créer pour demain.**
Waouh !!! Ce serait déjà **magnifique** !

ton film du soir
HELP ME !!!
Rendez-moi mon portable ! Vite !!! Un hélico pour rentrer chez moi !! Pitié !!!
Je veux mater une série sur Netflix !
ton seul ami
ton lit
ta lumière
ton dîner
ton maquillage
ton radiateur
ton masque de beauté
boue
ta baignoire

Tu deviens ce que tu manges Baby !

Jeu !

Ferme les yeux et **imagine que tu es une plante**. **Détends-toi**, c'est juste un petit **jeu** de visualisation. Visualise d'abord l'option 1.
Et lorsque tu as terminé, passe à l'option 2.

Option 1

Imagine que tu manges n'importe quoi, de la nourriture industrielle hyper transformée, ou carrément de la junk food à presque tous les repas. À quelle plante ressembles-tu ? Comment te sens-tu ?

Note : l'option 1 pourrit la planète

Option 2

Imagine que tu te nourris chaque jour d'**aliments sains**, **frais**, **légers**, **équilibrés**, **vibrants**, **variés**, qui ont été eux-mêmes emplis de **nutriments** par les **éléments naturels** : la terre, le **soleil**, l'eau et le vent. À quelle plante ressembles-tu ? Comment te sens-tu ?

Note : l'option 2 ne pourrit pas la planète

Quelle option te rend le plus heureux.se ?

Vive la nourriture de l'esprit et du cœur ! Elle te fera grandir, pas grossir, c'est merveilleux non ?

Nourris-toi au max chaque jour de tout ce qui t'**inspire**, t'**apaise**, te rend **joyeux**, t'émeut, de tout ce qui **ouvre ton cœur**, te fait **vibrer**, **rêver**, **rire**, te rend **curieux**, te **connecte à toi et aux autres**. Dévore la **beauté**, la **grâce**, la **magie de ce monde**, l'**intelligence** et la **douceur**. Si tu cherches intensément ces **merveilles** dans la vie, tu les trouveras toujours, elles sont là.

NON MAIS C'EST QUOI CE CIRQUE ??
Une fraise en plein hiver ?
Un ananas du bout du monde ???
Un avocat du Pérou ?
Qui a dessiné ça dans mon livre juste pour m'énerver ???

Bio, local et de saison on a dit, bordel !!!

Oui, moi aussi au début
j'ai trouvé ça un peu compliqué,
mais maintenant, **j'adore** !
C'est devenu **facile** :
tu oublies tous les produits
qui ont traversé une frontière,
tu retrouves le rythme des **saisons**
et tu découvres des **trésors**
de **nouveaux goûts**.
Bref, **tu vas aimer**.

Bye bye les emballages inutiles ! Achète un max en vrac et booste ta vie de couple !

Tu connais **l'avantage super extraordinaire** ?
tu vas sortir ta poubelle tellement moins souvent et **gagner un temps fou** !
Grâce à tout ce temps disponible, tu vas pouvoir **imaginer** plein de **moments précieux** avec ta/ton partenaire.
Elle est pas **chouette la vie** ?

note : OK, c'est légèrement exagéré pour te motiver !

Nombre d'heures passées à sortir ta poubelle si tu achètes des produits emballés (par an, pour une famille de 4)	mais si tu achètes en VRAC !!
450 H	2 H !
	= 448 heures gagnées chaque année !

Mi amore !
Comment aimerais-tu que nous utilisions tout ce temps gagné ?
- Je me déguise en troubadour et je te récite des poèmes ?
- Je danse nu dans le salon tous les soirs ?
- Je...
Mouais mon chéri... juste un petit massage de temps en temps ce serait déjà canon !
Graines d'espoir
PIMENT DU COUPLE
Super lentilles
haricots magiques
FUN
ho! ho! ho!
hi hi hi
hihihi !!
POUDRE DE DÉSIR
UNCONDITIONAL LOVE

I am a super happy
B.A.V !
(Bombe Atomique Végétarienne)
JE ME RÉGALE !
JE KIFFE !
TU AS VU LA LUMIÈRE QUE JE DÉGAGE ???
Non !! Tu ne vas pas mourir si tu manges moins de viande (ou même plus du tout) Tu vas péter la forme !!!
FAUT JUSTE ÉQUILIBRER ET COMPENSER...
ZÉRO CARENCE C'EST POSSIBLE !
FAIS COMME MOUAAAAAAAA !!!
Note : vegan c'est encore mieux !!

Voici quelques chouettes idées pour commencer ta nouvelle vie :

S'il te plaît, mon petit chat,
va dans les magasins **bio** et au **marché** !

Soutiens les **petits producteurs écolos**, **locaux** et le commerce **équitable**.

(Non, si tu te débrouilles bien, ce n'est pas forcément plus cher)

Oublie au max les supermarchés qui te font acheter plus de plastique que de produits.

Apporte tes sacs et tes contenants quand tu vas faire tes courses.

Zappe les déjeuners à emporter, prépare-toi une **délicieuse lunch box** !

Stop les livraisons de repas à domicile, ça pollue à mort, fais-toi cuire des pâtes !

BRAVO !

L'OBJET 100 % GÉNIAL

Salut ! Je suis une GROSSE GOURDE !

UTILISE-MOI BABY !
TU POURRAS PICOLER TOUT CE QUE TU VEUX OÙ TU VEUX !

Ni vu ni connu !

du whisky en réunion

du champagne à gogo !!!

un gin tonic dans le train

ALLÉLUIA !!! Plus jamais de bouteilles en plastique ni de canettes !

My love, j'espère qu'on ne prend pas trop la tête de nos lecteurs et qu'ils ne vont pas nous lâcher...
Nan ! Allez-y ! C'est juste la vérité !
T'inquiète Marco, on est en mission, c'est pour le bien de tous, on continue !
ni utiliser notre livre pour caler une porte... allumer un feu de cheminée...

Ceci n'est pas de la science-fiction Baby !

TES PETITS-ENFANTS EN 2110

je crois
que l'on
est victime
d'une mutation
génétique liée
à l'utilisation
éhontée de
produits chimiques
par nos ancêtres

Non mais...
WHAT THE FUCK !
Je viens de trouver
cette merdouille !

Je pense
que je souffre
d'un léger...
ÉNORME
dérèglement
hormonal...

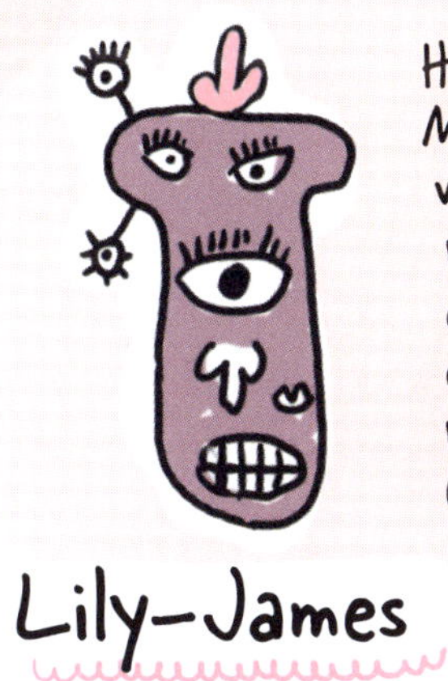

Hé ! Nos ancêtres !
Mais pourquoi
vous n'avez
pas utilisé
du **VINAIGRE BLANC**
et du **BICARBONATE**
pour tout nettoyer !
C'est miraculeux !

Bon appétit les chéris !

Je ne veux pas te faire flipper mon petit loup.
Mais pourrais-tu juste vraiment faire gaffe à ce que tu laisses dans la nature ? Car tout finit toujours dans le corps des animaux et des humains !
Si tu es une **âme sensible** (ou si tu viens tout juste de manger du poisson) passe direct à la page suivante.

Il est super dégueu votre dîner les parents !
C'est bizarre ... j'ai des visions de moi ado en train de faire la fête... c'est du poisson hallucinogène chérie ?
Ben moi j'ai englouti toutes les clopes jetées sur la playa à Ibiza pour la fiesta des 18 ans de votre père ...

S'il te plaît, refuse de te faire prendre pour une grosse andouille !

Allez ! C'est le moment parfait pour développer ton **sens critique** et ton **libre arbitre** en toute circonstance. D'agir selon ton **cœur**, ton **intuition**, tes avis et **envies** personnels et non selon les injonctions de la société, des médias, de la pub, de la mode et de tout le reste...
Tu es unique !
Vive la **liberté de penser et de choisir** !

BIG BULLSHIT !
PUB
Achète cette voiture !!!
Tu réussiras ta life !!!
Tu rencontreras la femme de ta vie et vous aurez 3 enfants parfaits qui ne VOMIRONT JAMAIS EN BAGNOLE !!!
NOS CHATTES ET NOS FORÊTS ! ARRÊTONS DE TOUT RASER ! *
* Slogan vraiment vu à la marche pour le climat

Tu connais
mon nouveau jeu préféré ???

J'ADOOOOOORE
BOYCOTTER
LES MARQUES
QUi POURRiSSENT
LA PLANÈTE !!!
JE KiiiiiiiFE !!!

Et aussi les infos
déprimantes en boucle !
Je les zappe !
Je choisis mes sources !

Regarde sur internet,
tu trouveras des listes
et tu vas être surpris !

Ben oui, si on arrête tous de soutenir les industries et les politiques qui ne pensent qu'au profit, qu'au pouvoir et pas au bien des humains, ils vont devoir changer, c'est sûr !
T'as raison Coco, c'est hyper logique.
Moi par exemple, j'ai changé de déodorant, de pâte à tartiner, de lessive, de lectures et de fréquence radio ....

Les amis, pour sauver le monde, il va falloir arrêter de consommer toujours plus de tout et de n'importe quoi comme des maboules !

HA! HA!
AHHHH !
Mais pourquoi
tu me dis ça
PILE AUJOURD'HUI
Françoize ???
Alors que je viens
enfin de trouver
la paire de bottes
dont je rêve jour et nuit
depuis que je suis née ??
Tu veux
que je fasse
une énorme déprime
et que je meure ??

ON
CAL

JE
ME

La solution idéale

ELLE PERMET UNE DIMINUTION DE 99% DE TOUT :

A Ce que tu consommes	B Ce que tu émets
→ nourriture	→ déchets domestiques
→ vêtements	→ blagues nulles
→ trucs débiles en plastique	→ pollution liée au transport
→ carburant	→ excréments humains
→ électricité	→ paroles inutiles
→ papier toilette	→ CO2 quand tu expires
→ eau	→ gossips
→ espace dans les lieux publics et transports	→ plaintes pour rien
→ taille de ta maison 1cm² etc… etc…	etc… etc…

Toi qui lis ce livre, si tu as un pote dans un gros labo bio n'hésite pas à nous contacter, on cherche un distributeur

merci !!!

Vintage ou d'occasion c'est super canon !

Épisode 2 = 23H, brossage de dents avant l'amour
Je crois que c'est l'ancienne brosse à dents de Barack Obama... mais je ne suis plus sûr...
TOOTHPASTE
Épisode 3 = Minuit ! Au lit !
Et c'est le lit king size de Barack et Michelle à la Maison-Blanche
Demain je te raccompagne avec mon scooter d'occaz.
Non mais la super classe du gars...
je me demande pour la couette... Neil Armstrong ?

Hip hip hip ! Hourra ! pour la location !

Note :
cherche les 5 intrus qui n'ont
rien à faire ici mon chou

Voici une liste

**(complètement incomplète)
de tout ce que tu peux
louer ou acheter d'occasion :**

le vélo de tes **rêves**, l'armoire **idéale**,
ton manteau pour l'hiver,
la voiture de tes **fantasmes**,
the love of your life,
une maison sur la **plage**,
des skis, une machine à laver,
un **tapis volant**, des chaises,
une **boule disco**, un **lieu magique**,
un canapé, un téléphone, un écran
géant, un camion pizza,
une robe pour le festival de Cannes
ou l'anniversaire de ta copine,
un aspirateur pour **aspirer au bonheur**,
des assiettes, des plantes, une lampe
pour **illuminer ton existence**,
des œuvres d'art,
la **lune**, le **soleil**, les **étoiles**.

Tu peux presque tout recycler, promis !

La preuve

Mais bon, vraiment, le mieux est de faire attention à produire le moins de déchets possible...

Hé oui, c'est génial : tu peux composter partout, même en ville ! Regarde sur internet.

Do it yourself !

Tu peux fabriquer plein de trucs toi-même !
Devenir plus **créatif**, faire naître **des trésors** de tes dix doigts (et pas seulement avec ton cerveau).
C'est **super gratifiant**, **super relaxant** et **vraiment cool pour la planète** !

2 colliers de nouilles hyper chics !
J'ai cuisiné une à une des croquettes végétales…
chat-bouddha
J'ai fait germer des graines ! C'est génial pour avoir une patate d'enfer !
Des yaourts de soja délicieux…
Je kiffe !!! Je ne peux plus m'arrêter !

Tu vas devenir plus riche*, c'est merveilleux !

Si tu consommes moins, différemment et de manière plus **durable**, tu vas **dépenser moins**, c'est 100 % prouvé ! Tu pourras alors t'**offrir** des trucs qui te font **vraiment plaisir** ! Et pourquoi ne pas devenir **carrément** généreux ?

✱ dans tous les sens du terme.

Parmi les propositions dessinées, entoure celles qui te paraissent les plus chouettes !
Attention piège : 4 idées ne sont vraiment pas terribles hihi...

sponsoriser l'éducation d'un enfant en difficulté

un abonnement à vie dans le centre de yoga de tes rêves

des massages fabuleux à volonté

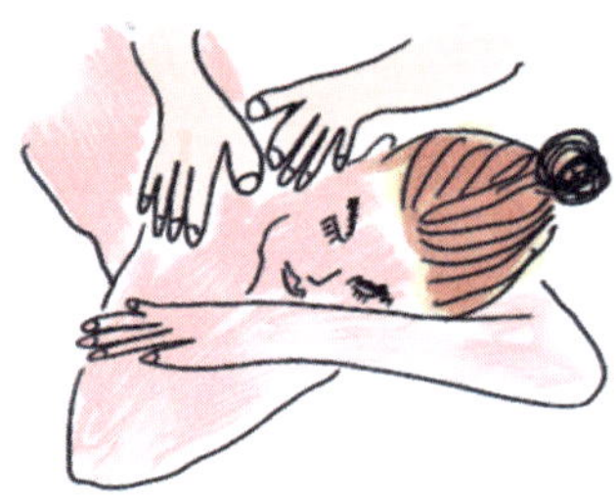

un stage de poney à bascule

acheter un sac de luxe hyper moche, hyper cher et hyper ringard

(statut social)

faire une jolie donation pour soutenir des actions humanitaires

planquer tes économies
au fond d'un trou

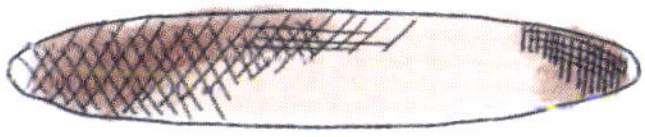

t'offrir une opération
de chirurgie esthétique
et ressembler à un mérou

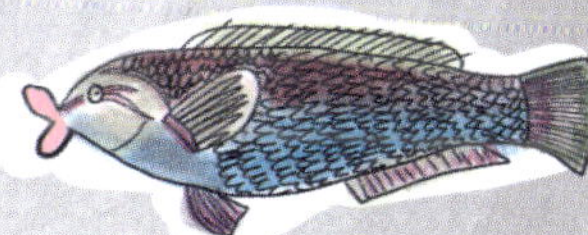

t'offrir une formation
en permaculture

faire le tour de montagnes magiques

t'évader
sur un voilier

financer la plantation
d'arbres

écris tes envies persos ici :

Si tu te reconnais dans l'une de ces situations, pardonne-toi tout de suite !
Hihihi ! Je les ai bien eus !
Les bottes... Je n'ai pas pu résister...
J'avoue ! Je me suis acheté un slip NEUF ! Est-ce que je vais aller en ENFER ???
DÉMON DU SHOPPiNG SORS DE MON CORPS !
Et j'ai mangé des sushis pas locaux du tout...
Damned !! Damned !!! Damned !!!
NEW !
NEW
NEW
NEW
NEW
Je suis trop fortiche !

Ohé les amours ! ON SE DÉTEND !
On est humains ! On va continuer
à croquer la vie ! EN MIEUX
On ne va pas passer le reste
de notre délicieuse existence
à méditer sous un arbre
ou dans une grotte...
ON VA KIFFER !
MAIS DIFFÉREMMENT
ici ?
ceci
est une
grotte
ou
là ?
arbre du Bouddha

Le test de vision qui change ta vie !

Elle a raison ! Depuis que je suis devenu altruiste, ma vie est beaucoup plus chouette !

Abondance **Amour** *Amitié*
Altruisme Authenticité Aventure
Beauté **Bienveillance** Bonheur
Compassion *Compréhension* **Confiance**
Conscience **Contentement** Courage
Créativité Curiosité **Désir** Douceur
Écoute **Empathie** *Énergie* **Engagement**
Enthousiasme Extase **Espoir** Force **Fun**
Générosité **Gentillesse** *Grâce* **Gratitude** Harmonie
Honnêteté *Humanité* **Humour**
Intelligence (émotionnelle) **Joie** Justice Liberté
Magie Optimisme **Ouverture d'esprit**
Paix Partage Persévérance Plaisir **Prospérité**
Respect **Responsabilité** **Rêve**
Sacré Sagesse **Santé** Sérénité **Silence**
Simplicité Solidarité Spiritualité
Travail **Tendresse** Vérité
Tolérance

note : la taille des mots est 100% aléatoire !

Du coup, ça me donne envie d'être plus tolérant... plus spirituel... plus optimiste et joyeux ! Et de chanter non stop !

Sois le changement que tu veux voir dans le monde mon coco !

Ça commence par toi.

C'est pas moi qui ai pondu cette phrase génialissime,
c'est lui !
(Je suis trop jalouse...)
Hé oui ! Même si je n'étais pas parfait, j'ai dit des trucs hyper intelligents !
C'est une vraie philosophie de vie cette phrase !
Gandhi
Ça veut dire par exemple que si tu trouves le monde trop dur, commence par t'adoucir...
et si tu le trouves morose, commence par être plus fun toi-même !
Pas besoin d'avoir fait 10 ans d'études hein ?
Ça déclenchera UN EFFET BOULE DE NEIGE autour de toi, tu piges ?

Emprunte le beau chemin de la paix, il est merveilleux !

Si tu choisis de créer une **paix intérieure** grandissante dans ton cœur et dans ton mental, tu verras : ton environnement deviendra de plus en plus **harmonieux**, comme **par magie**.
C'est 100 % prouvé.
Si chacun de nous œuvre pour la paix en soi et tout autour de soi, un jour nous vivrons dans **un monde en paix**. Il existe mille techniques, pourquoi ne pas partir à leur recherche ?

PEACE
PLEASE

Déclaration d'amour à la planète et à l'univers

Nous les super humains sommes des invités, de simples passagers sur cette **terre merveilleuse**, dans cet **univers magique**. Ils sont tous les deux là depuis bien plus longtemps que toi et moi et n'ont pas besoin de nous pour continuer à tourner ! Réalise un peu mon coco : tu es **vivant** ! C'est un **pur miracle** ! C'est **génial** ! Tu devrais donc vivre chaque jour de ta vie animé d'un sentiment d'**émerveillement**, de **gratitude** infinie et de **respect** immense pour la planète et tout le vivant. Et faire ton max pour les **protéger**.

C'est **OUF** toute cette beauté ! La chance qu'on a de vivre ici…
Regardez un peu la magie là-haut
Waouh !
C'est pas dingo ?

La déesse Nature t'aime infiniment mon chou !

C'est archi simple : sans elle tu serais déjà mort de faim et de soif puisqu'elle fournit 100 % de l'**air** que tu respires, de ta **nourriture**, de la **lumière** qui t'illumine. Elle t'**adore**, je te dis ! Elle ne se contente pas d'éviter que tu meures là, tout de suite, elle t'offre aussi des possibilités d'**extase infinies**. Grâce à elle, tu peux courir nu dans les forêts, t'émerveiller devant un **fabuleux** coucher de soleil, escalader des sommets enneigés, faire la planche sur l'eau turquoise, te faire bronzer à la playa, observer **le ciel la lune et les étoiles**.
La nature te ressource, te donne de l'énergie, absorbe ta fatigue, tes trouilles, ta tristesse, les idées noires ou inutiles qui tournent en boucle dans ta tête, ta mauvaise mine et ton stress. La nature est complètement **miraculeuse** ! Et elle fait tout ça pour toi **gratuitement** ! Elle te rend tout simplement **heureux.** Elle est ta **meilleure amie**. Essaie de l'**aimer** un max en retour !

Ô sublime déesse ! Merci pour le vent, la pluie, les fleurs, la neige et les saisons... et le gros couscous que je me suis tapé hier !
Ô Mère Gaïa ! Merci pour chacune de mes respirations, la mer, le soleil, les étoiles, la lune et les rivières... le coton, la soie, la laine de mes fringues...
Smack !
Smack !
Smack !

D'ailleurs, tu es la nature !

Tu n'es pas séparé de la Nature : **tu es la Nature**, au même titre qu'un papillon, un nuage, un gorille, un brin d'herbe, une goutte de pluie. Tu fais partie de **la Création**.
Tous ensemble nous formons **le Vivant**.
Plus tu te connectes à la Nature, plus tu te connectes à ta nature profonde, à **ton GRAND TOI**, plus **serein**, plus **conscient**, plus **intelligent**, plus **intuitif**, plus **imaginatif**, plus **joyeux**, plus **lumineux**, plus **aimant**, plus **connecté** à la vie. Plus tu te connectes à la Nature, mieux tu ressens sa **magie**, sa **beauté infinie**, plus tu l'aimes, et plus tu as envie de la protéger.
Entre elle et toi existe un magnifique cercle vertueux !

Hé, les humains ! On n'est pas séparés !
C'est trop cool...

Ta vraie nature est heureuse, libre et sauvage

Le plus souvent possible, oublie la ville, les boutiques, la consommation, le métro, les séries, les courses, la voiture, ton psy, ton coach, les infos flippantes, ton stress, ton mental en boucle, la densité humaine, la pollution, la lessive, ton aspirateur, le boulot, tes problèmes de couple, tes kids, les panneaux publicitaires, le brouhaha, les soldes, les animaux en laisse, les humains qui font la gueule, les factures...
Je pourrais continuer la longue liste, mais tu as pigé l'idée ? **Débranche** !
Dès que tu en as l'occasion, cours te reconnecter à ta **nature sauvage** ! C'est elle qui t'apportera la **joie et la paix intérieures**, véritables et gratuites.

Il n'aura pas ma peau ! Je suis hyper méga intelligent !
Je vais prendre mes tentacules à mon cou et me barrer d'ici vite fait.
Non merci Adam, je prépare plutôt des algues.

Idées simples pour survivre même au cœur d'une big city

Tu peux toujours te débrouiller pour te sentir connecté à la **magie de la Nature** tous les jours, où que tu sois ! C'est **rigolo** et ça fait un bien fou : cherche-la, regarde-la, parle-lui. Elle est là, vivante, elle t'écoute et te soutient. Si tu es seul, tu peux lui parler tout haut. Sinon, fais gaffe Darling ! Parle-lui plutôt dans ta tête, autrement tu vas te faire enfermer ha ha ha (tu vois ce que je veux dire).

Posologie :
Regarde le ciel intensément au moins 10 fois par jour
Le ciel de Paris (ou d'ailleurs...)
Je te protège Baby !
Don't worry ! Be happy !
T'es beau Ciel ! Tu me fais du bien, quand je te regarde je sens que tout est possible...
merci merci !

Ce serait tellement chouette d'entendre à nouveau les oiseaux chanter et de revoir des millions d'étoiles dans le ciel !

Et c'est possible !

CONVERSATION ENTRE ANIMAUX EN VOIE DE DISPARITION

Coucou mon cher Teddy !
Tu veux bien m'expliquer
pourquoi les humains d'aujourd'hui postent
autant de photos
de leur chat
(dont personne
n'a rien à cirer)
sur les réseaux
sociaux ?
Mais qu'ils
se foutent
royalement
que je sois
en voie d'extinction ?

My dear Tigrou, ça m'échappe aussi...
Ils raffolent de documentaires
et de vidéos animaliers,
de bêtes en peluche
fabriquées en Chine...
mais ils font
fondre
ma banquise...
c'est super
incohérent non ??

Allôôô ? Allôôô ?
Y'a quelqu'un ?
Toutes mes copines ont disparu !
Je suis la dernière…
je bosse comme une dingo !
Les humains adorent le miel,
les fleurs… mais on dirait qu'ils
se foutent bien que je meure…
Que puis-je faire ?
Grève ? Manifester ?
HELP !!!

Allez viens ! On se bouge les fesses tous ensemble

pour créer
un futur
super
chouette
pour
nous et
la planète !

Repère les 3 bulles qui n'ont rien à voir avec

la volonté de créer un futur génial

IT'S
BOUGE-TOI

WAKE UP!!!
ET SOURIS!

Ok, c'est mignon, mais concrètement tu fais comment ?

Essaie de **t'observer** et de prendre **conscience de tes gestes, de tes choix** tous les jours. Et d'éviter de plus en plus ceux qui ne créent rien de bon pour le futur (le tien, celui de tes proches, des humains en général et de la planète).
Tu peux t'habituer à penser que chaque petit geste compte...
Et bien sûr, tous les conseils de ce livre sont là pour t'aider !

TON NOUVEAU SCHÉMA DÉCISIONNEL

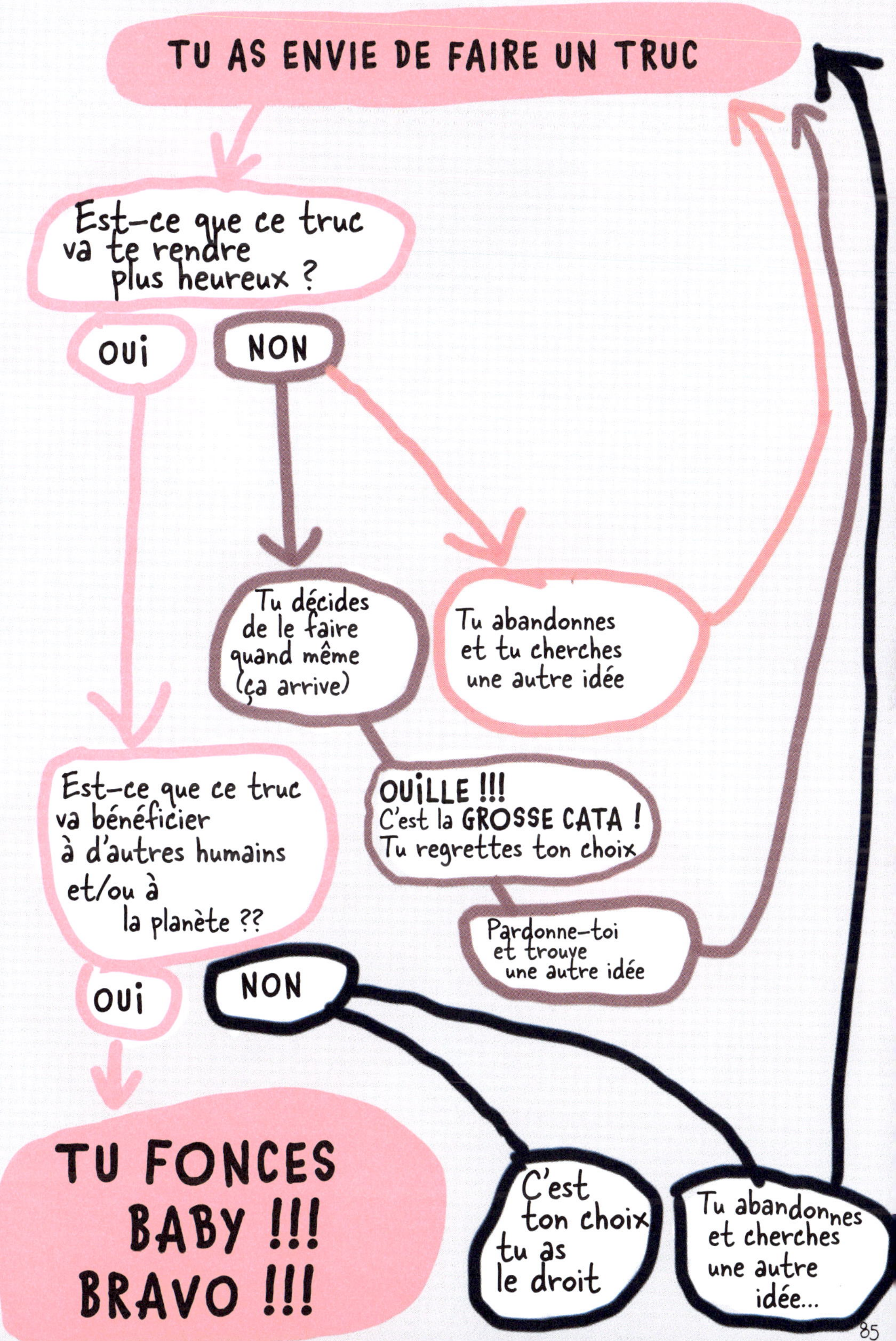

Et si tu te mettais au yoga et/ou à la méditation ?
Ouais, je sais ! C'est cliché ! Le truc à la mode en ce moment…
Mais je te promets que
ÇA PEUT TELLEMENT T'AIDER DANS LA VIE ! ET C'EST DU VÉCU ! ESSAIE…

Essaie et tu verras !

Et **NON !**

Le yoga
ce n'est pas
que pour les femmes !
Embarque les hommes
autour de toi !

Petit exercice de méditation

1. Pose le livre et recule de 3 mètres
2. Fixe la planète pendant au moins 5 minutes
3. Réalise à quel point elle est fragile !
4. Et combien ses ressources sont limitées...
5. Profites-en pour piger que la plupart des problèmes qui te prennent le chou chaque jour sont complètement invisibles vus de la Lune !

La Terre vue de la Lune

6 Décide de protéger la Terre

7 Et d'arrêter de te prendre la tête pour rien

8 (optionnel) Regarde si tu peux apercevoir une girafe en Afrique

BRAVO !

Recommence chaque matin

Ferme les yeux souvent...
Écoute ton âme et ton cœur

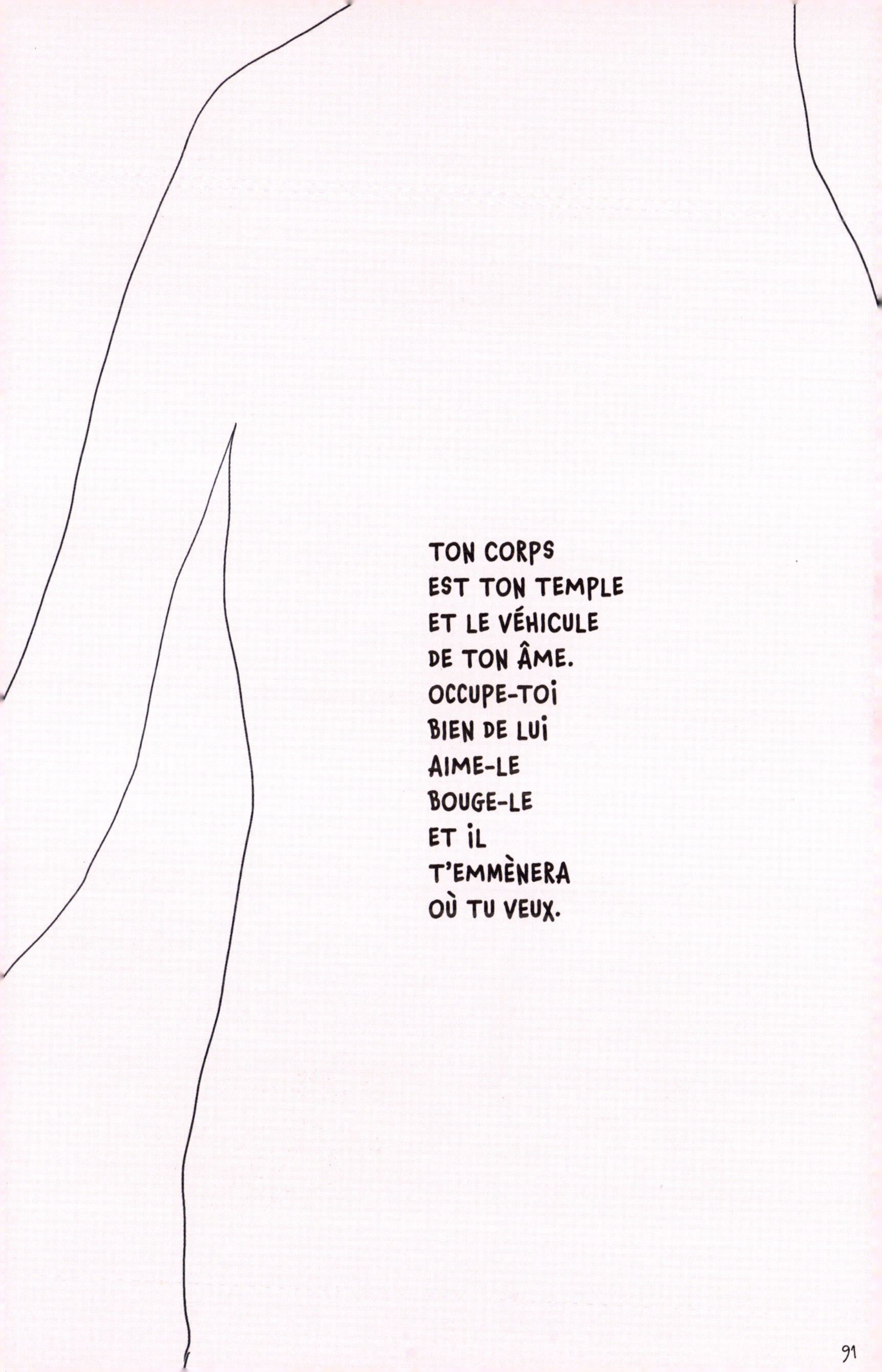

TON CORPS
EST TON TEMPLE
ET LE VÉHICULE
DE TON ÂME.
OCCUPE-TOI
BIEN DE LUI
AIME-LE
BOUGE-LE
ET IL
T'EMMÈNERA
OÙ TU VEUX.

Allez Franka, vas-y ! Fais pas ta timide !
Parle-leur de cul aussi, c'est la vie…
OLÉ ! OLÉ !
T'as peur de quoi ?
Note : parfois Cocotte est légèrement excitée
FONCE ! De toute façon, tu es prévenu.e : ce n'est pas un bouquin pour les enfants
C'est LE SUJET qui intéresse tout le monde !
OUAIS, t'as raison Cocotte, TU AS TOUJOURS RAISON

Ta nouvelle vie sexuelle 100% fun et écolo c'est par là !

OOOO
YES!
Hé ! Regarde ! J'ai trouvé toute une gamme de super sex toys « fruits et légumes » avec batterie ! Autonomie 24 h ! C'est pas fabuleux ?
ON
OFF
ON
OFF
ON
OFF
ON
OFF
ON
OFF

OHH !!!
YES !
OUI ! YES !
Je suis en caoutchouc naturel
ON
OFF
Je te jure qu'ils existent tous ! J'ai fait une recherche online... j'adore mon job
hé hé hé

Choisis des partenaires sexuels bio et locaux au fil des saisons...

Au printemps

Au cœur de l'été
Helloo ! Je tiens l'épicerie en vrac en face !
Et moi je vends des fleurs fraîches, locales et de saison...
SUMMER GODDESS
Top ! Je les veux toutes les deux pour juillet et août !

En automne

Coucou !
Je suis Edmond,
98 ans,
j'ai déjà aimé
128 femmes
et je suis ton voisin.
C'est pas hyper
local et vintage
tout ça ?

AAAAHHHHH
MAIS C'EST TROP
MERVEILLEUX !
Tu coches
toutes les cases
Edmond,
tu es à moi
jusqu'en décembre !

Pour avoir chaud en hiver

Et hop ! Youpi ! Voici plein de conseils pour faire l'amour merveilleusement sans abîmer la planète !

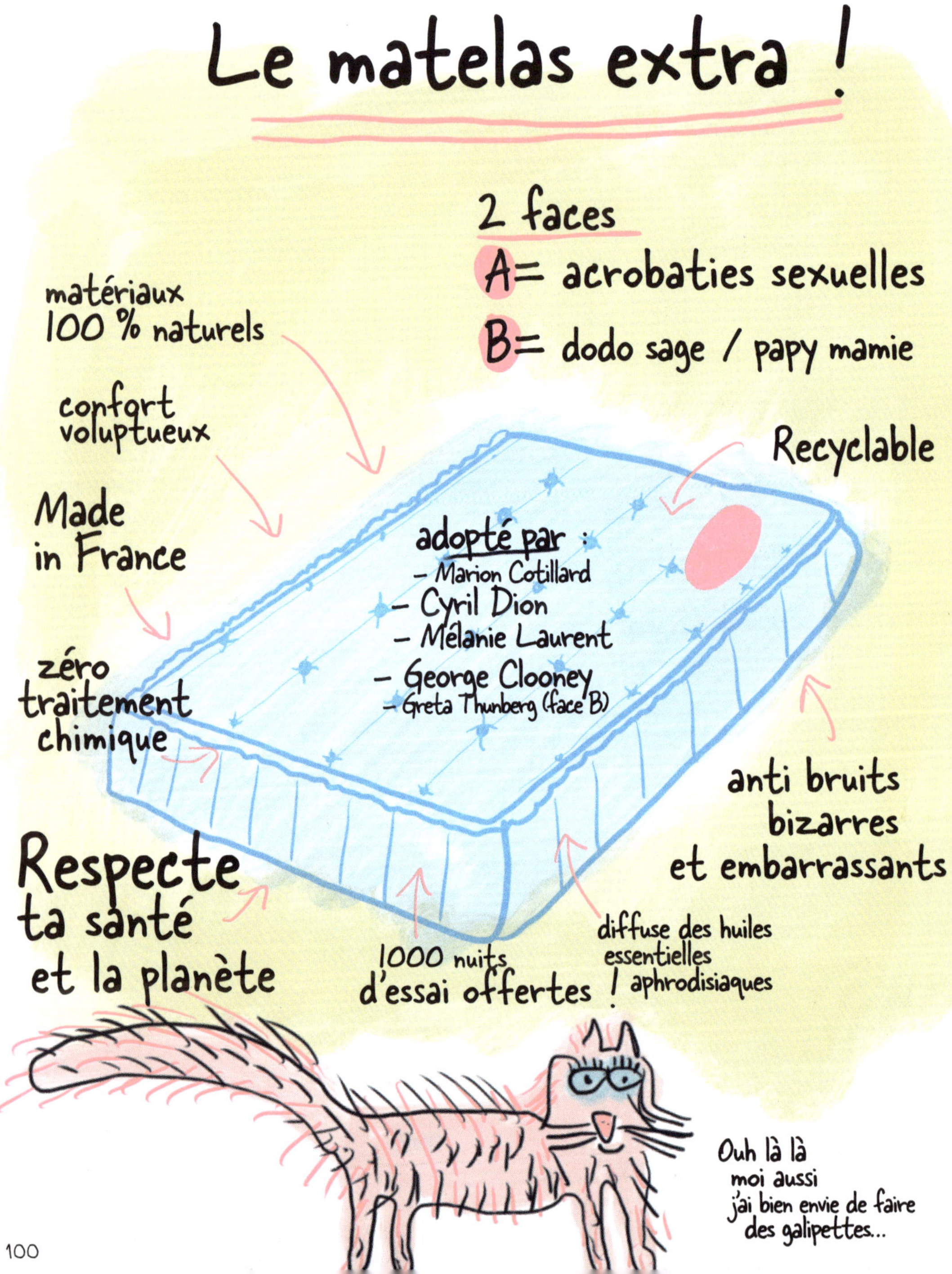

la lampe de chevet idéale pour lumière tamisée et consciente

Le préservatif green pour câlins éthiques

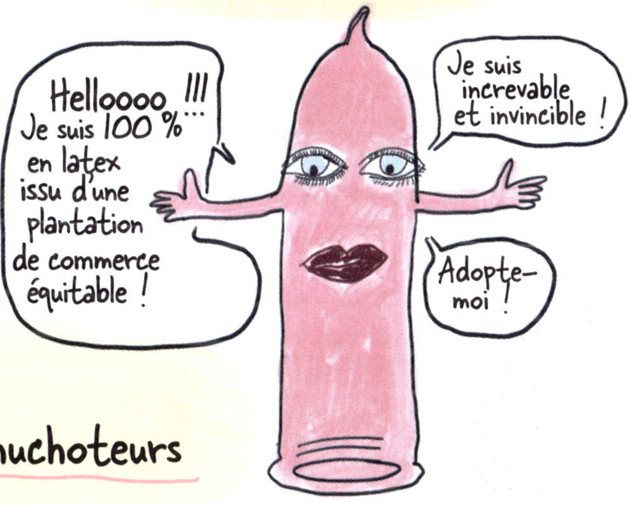

Les oreillers chuchoteurs de Greta

Il ne t'aura pas échappé que les échelles de taille des éléments ne sont pas du tout respectées sur cette page, hein ?

Comment économiser l’électricité ?

Faites l’amour dans le noir parfait et absolu. Éteignez toutes les lumières, votre téléphone, votre ordinateur, plus la moindre veilleuse ! Une ambiance pleine de surprises !

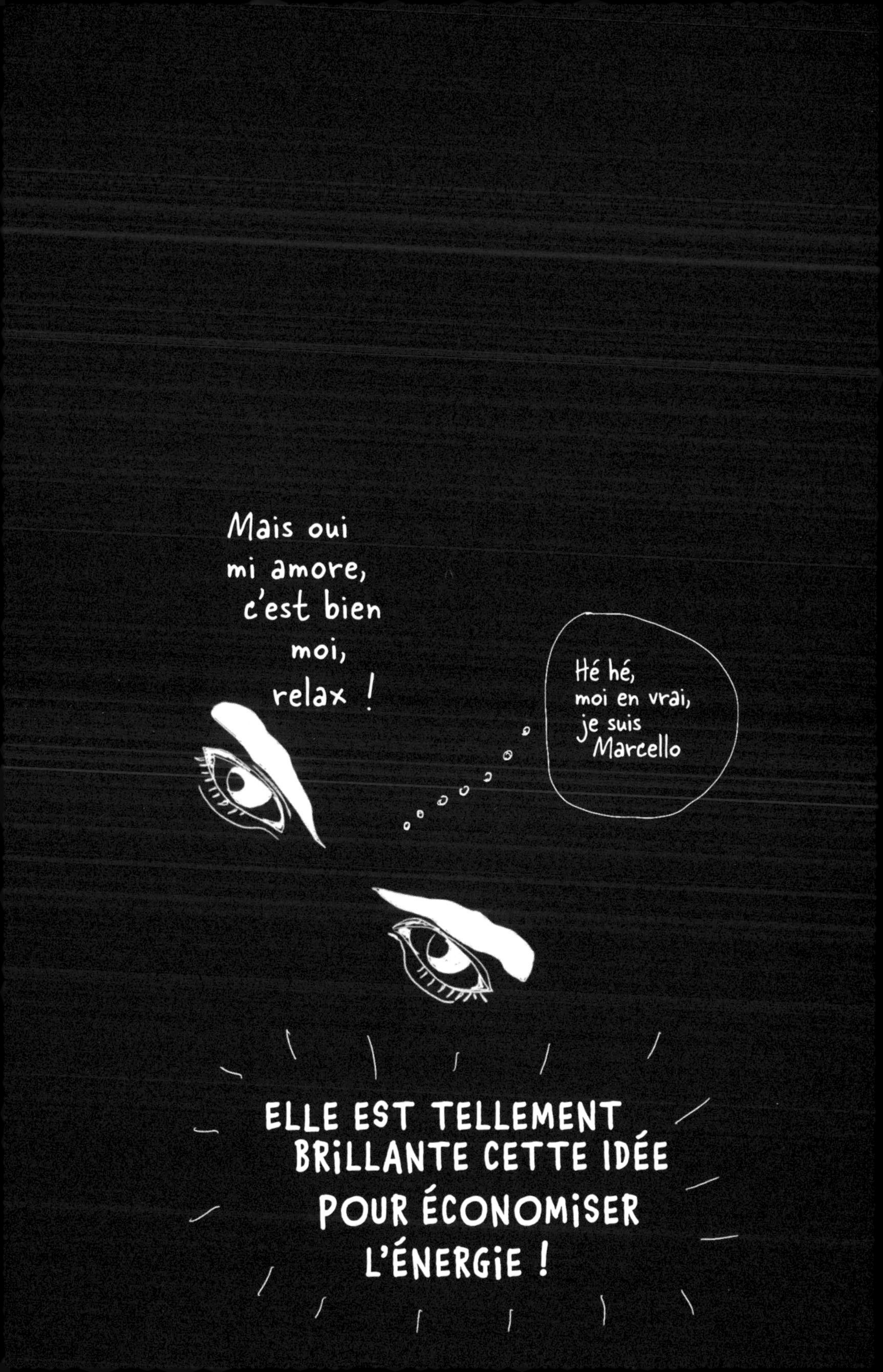
Mais oui mi amore, c'est bien moi, relax !
Hé hé, moi en vrai, je suis Marcello
ELLE EST TELLEMENT BRILLANTE CETTE IDÉE POUR ÉCONOMISER L'ÉNERGIE !

Comment économiser l'eau ?

Prenez
une douche
tous ensemble !
Plus vous êtes
nombreux plus
vous économisez
cette **ressource**
magique
et **précieuse**.

Mais bon,
tu peux aussi
juste faire
très attention
à ne pas
la gaspiller...

ton voisin
ta copine
ton collègue
GRETA THUNBERG
Ouais ! Je valide ! Toutes les idées sont bonnes à prendre !
Mais sortez-moi de ce bouquin débile, je déteste l'eau !

Secrets intimes de salle de bain

Quand ma nana
ou mon mec du moment
ronfle trop,
je l'envoie roupiller
dans ma baignoire
pour qu'elle serve
encore à quelque chose.

J'utilise des cotons démaquillants
lavables, une cup ou une
culotte de règles.
Je ferme le robinet quand
je me brosse les dents.
Je n'ai que 3 crèmes et
2 produits de maquillage.
J'ai viré tous les produits non bio.
Je ne change pas de serviette
de bain toutes les 5 minutes
et j'achète du PQ recyclé of course !

BREF, JE FAIS HYPER GAFFE !

Ton nombril, toi et tous les autres…

Te concentrer sur ton nombril, penser que le monde tourne autour de lui ne te sera d'aucune utilité pour changer le monde et sauver ta pomme. Car le **secret** pour créer un futur chouette est de **s'intéresser aussi aux autres** !
Il existe mille façons d'être **solidaire**, chacun selon ses possibilités. Plus nous vivons dans un monde complexe, difficile et incertain, plus nous avons besoin de **nous soutenir** les uns les autres, de créer du **lien humain**. Alors tu pourrais essayer de **faire du bien aux autres chaque jour**, non ?
C'est un **super programme** ! Un **sourire**, une **écoute**, un **regard**, une **invitation**… Tu peux **ouvrir tes yeux**, **ton cœur** et ta maison… Tu peux **accueillir**, **encourager**, **aider**, humainement ou financièrement. Tu peux trouver ce que toi, tu pourrais faire. Bon, je te laisse réfléchir :)
Et tu verras ! Ça va te rendre **heureux** !

Manif de nombrils énervés

Ciao !
Bye bye !
Adieu mon joli petit nombril, j'ai décidé de m'intéresser beaucoup plus aux autres !
CAR FINALEMENT TOUS LES HUMAINS ET MOI, NOUS SOMMES UN !!!
ZOOM SUR LA RÉACTION DE TON SUPER NOMBRIL
YOUPiiii !!!
Quelle bonne nouvelle !
Ça va me faire des vacances !
Toute cette attention sur moi ...
j'en avais ras-le-bol...
enfin libre !

SOLID

HUMA

GÉNÉ

ARITÉ
NITÉ
ROSITÉ

Les bienfaits de l'optimisme sur l'être humain

Non mon chou, l'**optimisme** n'est pas du tout de l'inconscience ! C'est une preuve de **belle intelligence** ! Tu peux être très lucide quant à l'état du monde et choisir de penser que certaines **solutions** existent déjà et que d'autres vont émerger. C'est rejoindre **le camp de l'espoir** et envoyer des **ondes positives** dans le monde. L'optimisme te donne **la pêche**, envie d'agir et impacte tout ton environnement. Tandis que le pessimisme ne sert jamais à rien, à part à plomber l'ambiance générale. Choisis les **bonnes ondes** !

Légende :
si tu es optimiste
si tu es pessimiste
espérance de vie moyenne
réussite dans tous les domaines
bien-être physique et mental
qualité de ta relation aux autres
probabilité de gagner au loto
probabilité de dépression grave pouvant mener au décès

Tu connais la super bonne nouvelle Baby ?

**Que tu sois, beau, moche,
ou entre les deux,
jeune, fun ou pas trop,
blindé, un peu dans la dèche
ou carrément millionnaire,
blond, brun, roux, nain, géant,
étudiant, big boss, artiste,
fonctionnaire,
à la recherche d'un job,
timide, maigre, rond, poilu, pas poilu,
super busy, avec du temps libre,
homme, femme, gender fluide,
gay, trans, polyamoureux,
intello, sportif ou pas du tout,
quels que soient ta couleur de peau,
ta coiffure, ton look, tes goûts
ta situation familiale, ton lieu de vie,
le monde a besoin de toi !
Et tu peux faire quelque chose !
C'est sûr ! C'est pas génial ?**

Hep hep mon chou !
Pour fêter cette méga bonne nouvelle...
on t'offre un feu d'artifices !
Elle est pas belle la vie ?
pantalon plaqué or

L'AVENIR

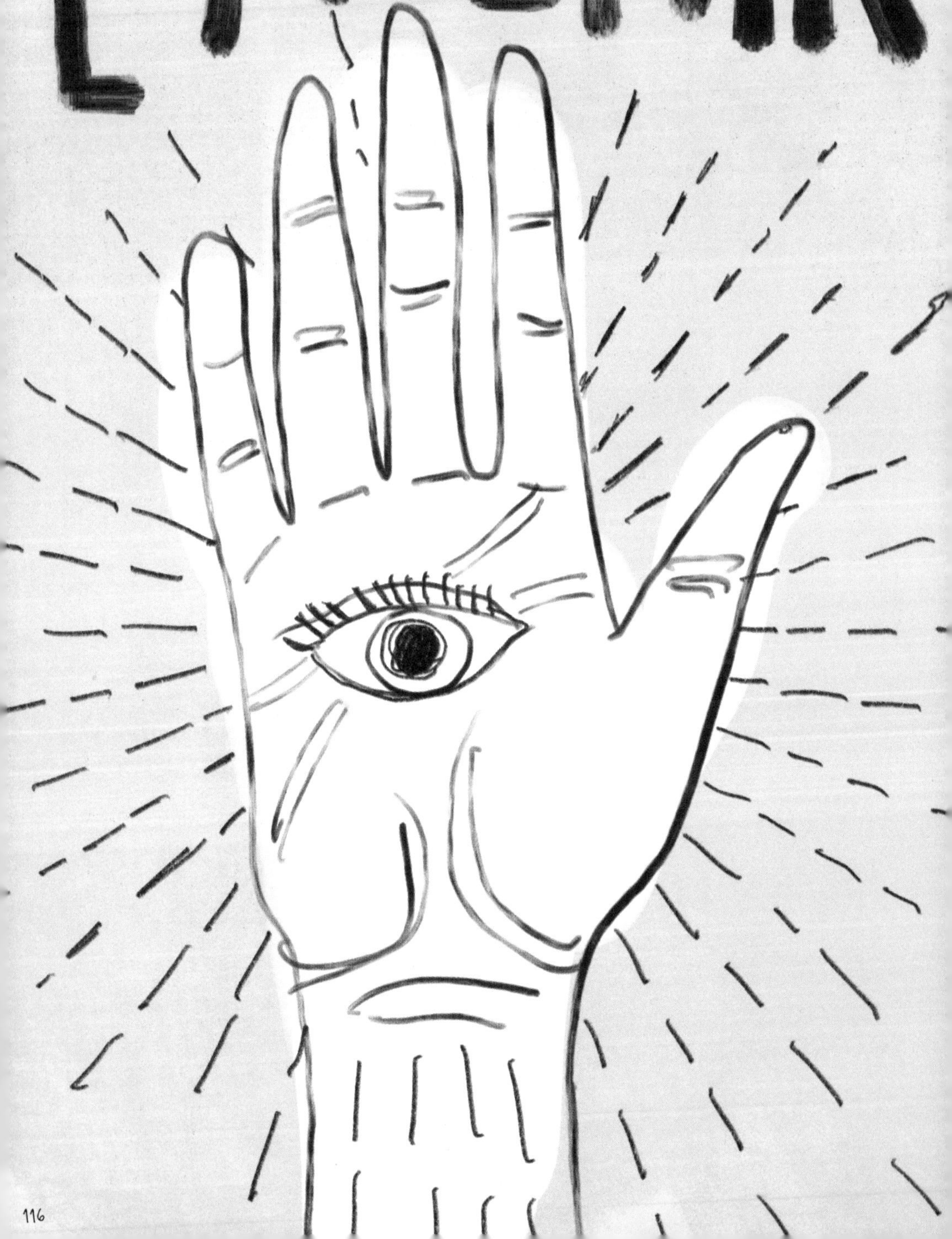

A ENVIE DE SOURIRE

Pour sauver le monde, il faut œuvrer à l'égalité entre les sexes et les genres dans tous les domaines !

Et on en est loin les cocos !

Si tu es un mec et que tu lis ce livre, quand as-tu passé l'aspiro la dernière fois ?
Fait les courses ? Préparé un super dîner ?
Es-tu resté à la maison quand les kids avaient la rougeole et la varicelle ?
Ouais ! Parce que là, on a un sérieux problème à régler mon petit lapin !
Note : je me suis dessinée en 3 exemplaires car les femmes font toujours 3 trucs en même temps

Petite scène de vie conjugale

Ben là, t'as vu ma tronche ??
Rien ne va plus !
Parce qu'en plus maintenant
j'ai très envie
de changer
le monde

Alors si tu ne veux pas
que je ressemble à ça
dans 3 mois, c'est-à-dire
à 35 ans...

ce qui pourrait
te donner gravement
envie de me larguer
pour une bombasse
de 25 ans...
Il faudrait dorénavant
que tu partages
ma fucking charge mentale
please !

OK
mon amour,
c'est promis...

quoique...
une bombasse
de 25 ans,
j'hésite...

Note de l'autrice :

MILLE BRAVOS AUX HOMMES
QUI ONT DÉJÀ TOUT COMPRIS !
(Passez direct
à la page suivante)

Prépare bien ton entretien pour ton prochain job !

Si vous ne faites aucune publicité mensongère, ni aucun GREEN WASHING au sujet de vos produits, si vous ne prenez pas vos clients pour des consommateurs abrutis, si vous plantez autant d'arbres que vous consommez de papier, si vous ne polluez pas la planète

comme des **GROS MABOULES INCONSCIENTS ET DANGEREUX...**

Si vous pouvez prouver que vous employez des vieux, des jeunes, des féministes, des personnes de diverses origines, religions, orientations sexuelles,

SANS DISCRIMINATION !

BREF, SI VOUS ÊTES UNE ENTREPRISE PLUS QUE RESPONSABLE !

JE VEUX UN JOB QUI A DU SENS !

Et si tu changeais de banque Darling ?

Sais-tu comment ta banque investit ton **précieux argent** ? Ouh là là ! Renseigne-toi please ! Tu vas avoir une **surprise** ! Il est fort probable que ce ne soit pas **joli-joli**.
Les industries fossiles, les **paradis** fiscaux, l'armement et tout plein d'autres secteurs pas du tout terribles ...
Nan, je ne **rigole** pas du tout, elles y participent presque toutes.
Allez hop ! Prends tes **sous** et tire-toi vers une banque plus solidaire.

15 août - 14H
Oh my God !
Une marée noire !!!
Je me sens un peü responsable....
Mais pourquoi j'ai eu la flemme de changer de banque ?
ALLEZ ! JE FONCE !
suite
Grouille-toi !

Ton idylle avec ton banquier green !

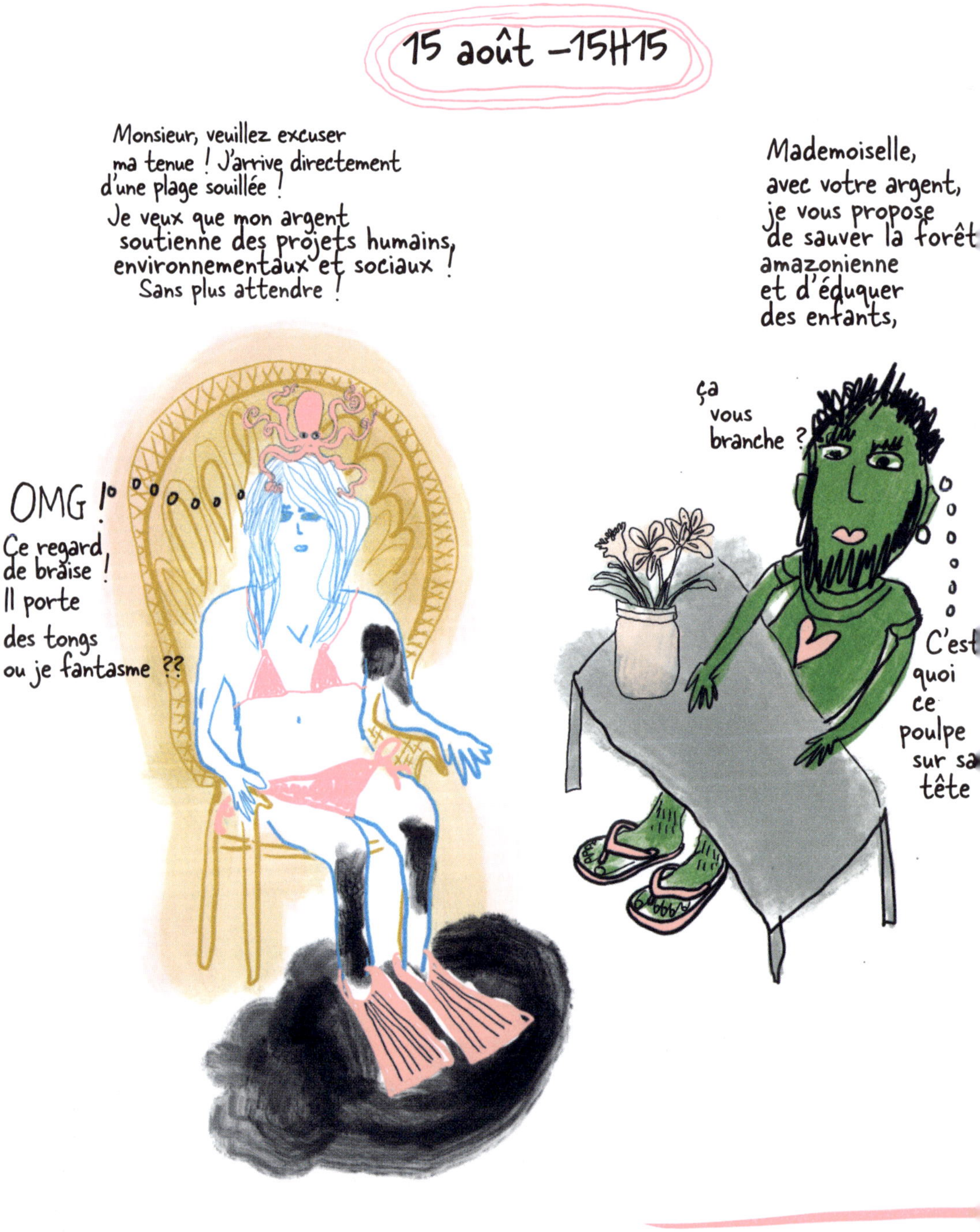

1 an plus tard au Brésil
DREAM
DREAM
DREAM
WOUAH !
Tout ça c'est grâce à mon pognon mon chéri ?
Ouais mon amour, c'est merveilleux ! Bravo !
NEW SCHOOL
NEW HOSPITAL

N'oublie jamais que la joie, la fête, le fun et la rigolade sont indispensables !

Je suis tellement heureuse depuis que j'applique les conseils de mon livre !
Ouais ! Moi aussi ! Je suis une nouvelle MOI ! Allez, tchin !
Hi hi hi hi !
Ho ho ho ho !
LA VIE !
Il est vraiment puissant ce bouquin...
Ouais, gloups...

ON
RIG

OLE!

Rêvons tous ensemble ! Rêvons d'un monde meilleur pour tous, basé sur des valeurs plus justes ! Même si cela paraît compliqué aujourd'hui, rêvons ! L'utopie qui passe à l'action est un moteur d'une efficacité redoutable !

Hé Marie ! T'as vu un peu l'état du monde et des humains aujourd'hui ? Il faudrait qu'on les motive, non ?
Léonard de Vinci
Yes ! T'as raison Léo ! Allez les choux !
On y croit à mort ! Tout peut changer ! On ne lâche pas l'affaire !
À toi chère Simone...
Marie Curie
Merci Marie, allez ! Ne baissez pas les bras ! Au boulot les cocos !
Simone Veil
Ben oui, tu peux tellement changer les choses quand tu agis !
À bas la collapsologie !
Sa Sainteté le Dalaï-Lama
Toi qui lis ce livre, rêve ! Fais ! Change les choses à ton échelle, même toute petite ! Tu inspireras les autres à t'imiter !
Oui Simone, bien parlé ! T'es la meilleure, Tu me plais grave !

Achète le kit Greta Thunberg !

Il te donnera l'**envie** et la **force** d'**agir pour la planète** !

Moi, si j'étais encore vivant, je le porterais direct, pas toi Marie ?
Léonard de Vinci
Of course Léo ! Je ferais tout ce qui est en mon pouvoir pour sauver la planète.
Marie Curie
En plus, il est stylé !
Et il cache ta calvitie mon cher Dalaï !
Simone Veil
Trop cool ! J'ai enfin des cheveux Simone !!!
Sa Sainteté le Dalaï-Lama

Et si tu devenais un.e éco-citoyen.ne engagé.e ?

En plus je n'ai pas de bottes fourrées, j'ai la phobie du blanc, du froid et du silence… je suis méchamment allergique aux poils de phoque…

J'ai 2 enfants, un gros job et yoga tous les jeudis…

Mais je pourrais organiser une petite manif sur le marché samedi prochain ??

Et le week-end suivant...
BIENVENUE
SAUVONS LES OCÉANS !
PARTEZ NETTOYER UNE PLAGE CE WEEK-END !
WOW ! Je suis trop fière de moi ! Je l'ai fait !
Damned ! Je rate encore un samedi foot avec mes potes...
toi, en costume de poulpe
ton homme déguisé en crabe

AU MARCHÉ

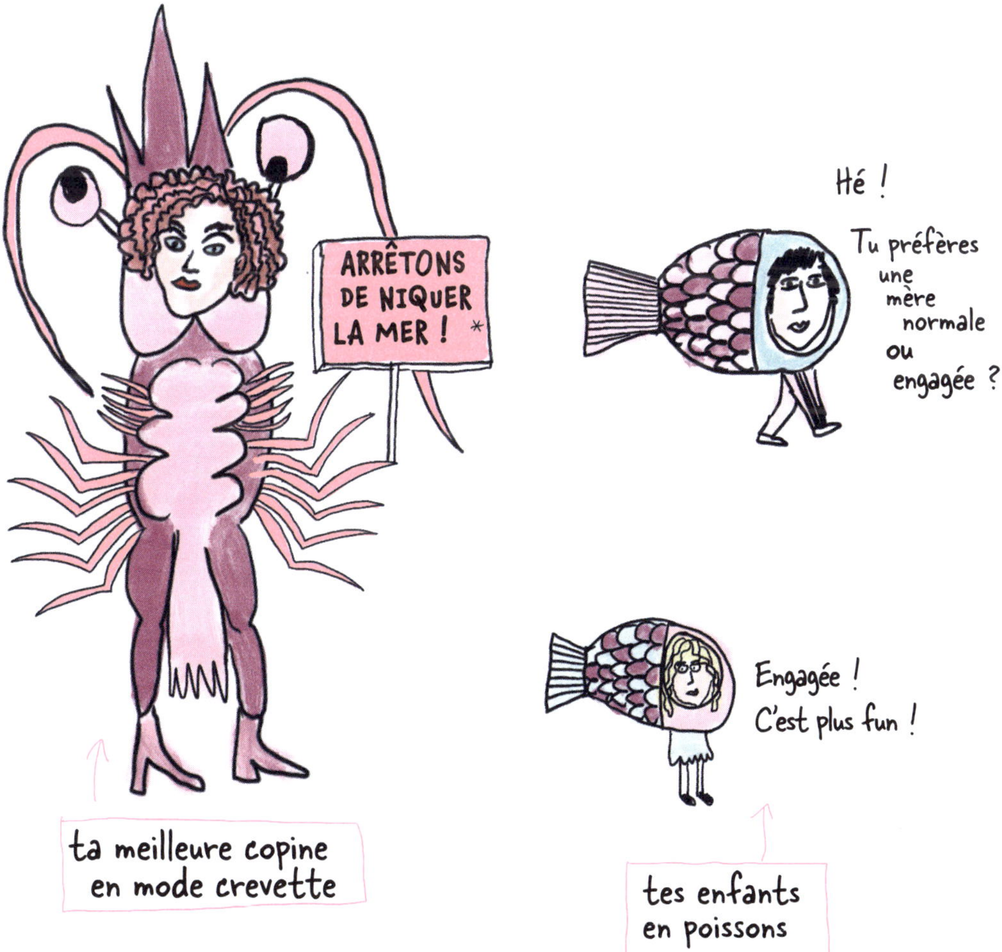

* Slogan vraiment vu à une manif.

Tout pour le bonheur de nos enfants !

Les **générations futures** sont beaucoup plus influencées par les actes et la façon de vivre des adultes autour d'eux que par tout leur blabla, c'est prouvé ! La plus belle chose que tu puisses donc offrir aux enfants autour de toi est un **exemple magnifique**, rassurant et **inspirant**. Leur prouver que tu fais des efforts pour leur offrir **un joli monde pour demain**. Et les éduquer merveilleusement aux **choses essentielles de la vie**...
Je sais, ça peut te coller grave la pression, mais **détends-toi** et fais juste ton max, ce sera parfait !

Vous êtes
LES MEILLEURS
DU MONDE !
PARENTS
Merci

On a décidé de vous emmener faire les fous en forêt beaucoup plus souvent !
Et pour économiser l'eau de la planète, vous pouvez arrêter de vous laver tous les jours !
Plus la peine de ranger votre chambre ! Le bordel, c'est créatif...
C'est fabuleux !!!

On va désormais créer un temps de vraie discussion chaque jour : vive la liberté d'expression familiale !
Et le mercredi, au lieu de vous inscrire à douze activités qui nous coûtent la peau des fesses, on va faire un atelier épluchage de légumes avec vos copains, et une soupe géante le soir !
On adoooooore !!!

Quelle magnifique mission ! Tu iras au paradis !

Oui, je sais, tu te demandes pourquoi c'est toi qui devrais faire des efforts et changer tes habitudes, pendant que les politiques, les grosses entreprises ne font (presque) rien. Pendant que ton voisin se fait livrer des packs de bouteilles en plastique au 32e étage, que ta cousine fête son anniv aux Maldives, que ta collègue s'achète des t-shirts à 2 balles fabriqués par des enfants au bout du monde.

La réponse est **simple** :
si tu es en train de lire cette page, c'est que tu as été **élu** pour cette **magnifique mission** ! C'est ton **destin** !
Et c'est **fantastique** ! **Réjouis-toi** !
Youpi ! Tu fais désormais partie de ceux qui créent **un monde meilleur pour demain** !

Hellooo !!! Je suis la source divine de TOUT
À votre mort, vous irez direct au Paradis par téléportation divine (=zéro émission de CO2)
C'est mieux que d'aller en vacances aux Maldives !
Vous vivrez à poil jour et nuit dans l'abondance, la paix, l'amour et la lumière...
tep ! Hep ! Vous deux !
Vous avez été élus pour changer le monde ! Bravo !!!!
T'as entendu ? C'est quoi ces conneries ?
Ça me fait flipper grave...
Et hop !

TRÈS LONGTEMPS APRÈS AU PARADIS
WOW ! C'était pas du bullshit ! On y est !
J'ai atterri là parce que j'ai accueilli des migrants chez moi cet hiver... et aussi parce que je suis passée à l'électricité verte, je boycotte la fast-fashion et mon vernis est à base de maïs...
Moi je crois que c'est grâce au co-voiturage...

Note : ils n'ont pas vieilli car ce bouquin est bourrés d'ondes miraculeuses ha ha ha !

Tu connais le pouvoir magique du son ?

Quand tu as besoin de te recharger,
de te reconnecter, écoute tout simplement
des fréquences magiques.
Tu n'as rien à faire, juste à te laisser bercer,
tu peux le faire partout...
C'est super efficace !
Tu peux écouter **DES MANTRAS** par exemple,
Ou la fréquence 432 Hertz...
Renseigne-toi sur internet, tu trouveras une mine d'or !

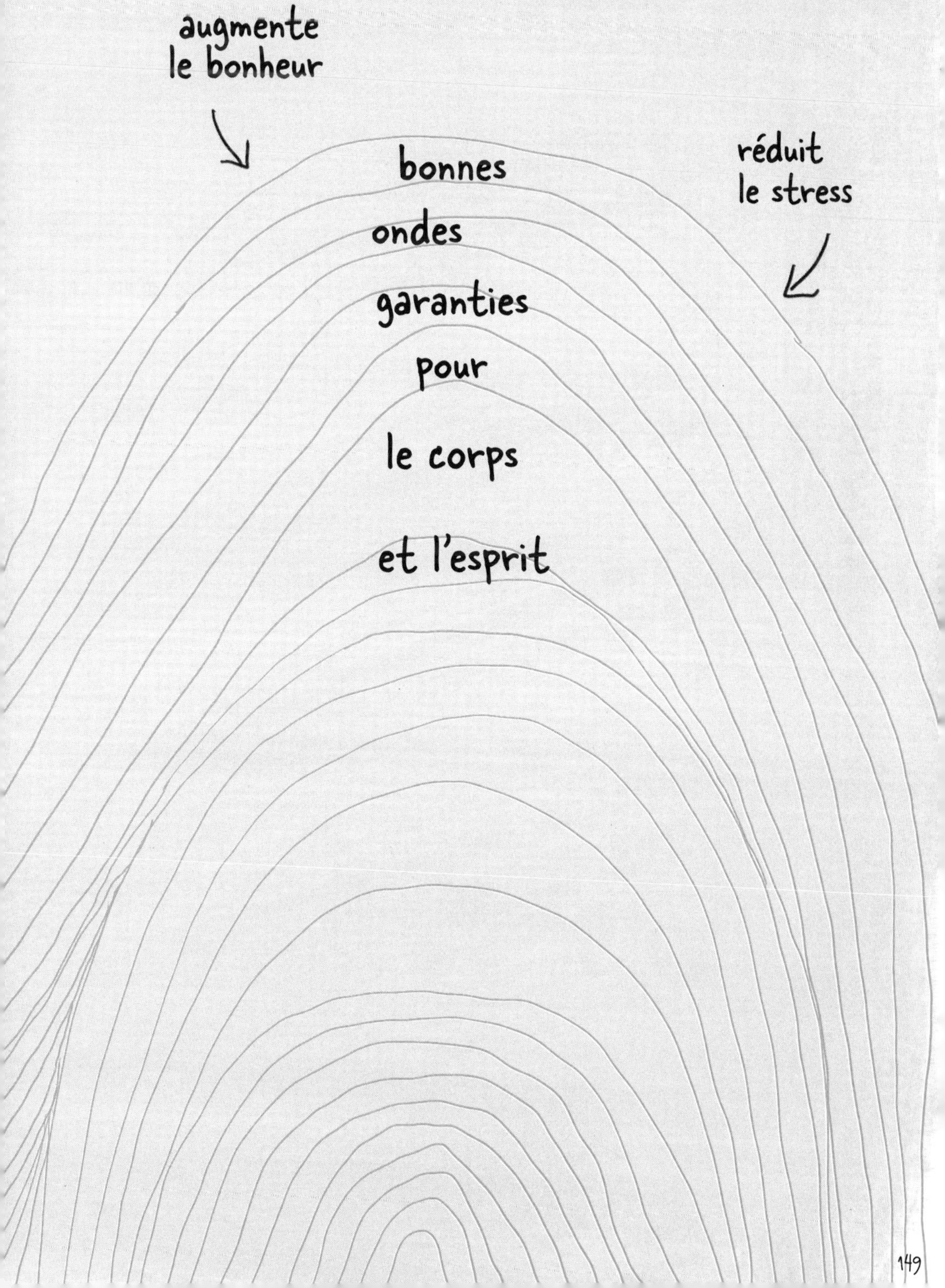
augmente
le bonheur
bonnes
ondes
garanties
pour
le corps
et l'esprit
réduit
le stress

No my friend ! Tu n'es pas obligé de voler jusqu'au bout du monde pour être heureux !

Tu pourrais le faire moins souvent, rester plus longtemps, faire un **vrai beau voyage inoubliable,** et **original**, pas un truc de touriste !
Ne pas prendre l'avion quand tu peux prendre le train...
Et surtout pas des sauts de puces en avion pour un week-end !
C'est super has-been !
Et n'oublie jamais que tu peux découvrir des **lieux magiques** et des **paysages sublimes** pas si loin de chez toi !

Avant j'allais à Shanghai une journée pour signer un contrat, on se faisait des week-ends de folie dans toutes les capitales du monde, je faisais de la plongée à Bali...
Et moi des stages de 8 jours de yoga en Inde, mais il va falloir que l'on se calme grave my love....
Je te préviens tout de suite : PLUTÔT CREVER ICI ET MAINTENANT que de prendre le train pour aller passer l'été chez ta mère à Troudukudumonde !!!
T'exagères toujours mon chat, on va juste s'adapter... moi ça m'excite !
On va vivre des aventures différentes !

Ouais... mais quand même, j'ai les boules...

T'inquiète pas,
je suis sûre
qu'on va
s'éclater !

Tout change, tout bouge
tout le temps, on va juste
être créatifs
et imaginatifs...

et bientôt,
je te parie que l'on
pourra à nouveau
voyager loin
sans polluer !
Par téléportation,
ou encore mieux !

Tu sais, des inventeurs
de génie vivent sur cette planète,
et ils sont déjà
au boulot !

Et toi mon pote l'avion,
ça va te faire des vacances !

Super !
je vais me recycler !
Je vais devenir prof de yoga,
coach, naturopathe,
faire de la céramique...

ou plutôt me transformer
en lieu d'accueil
pour les sans-abri...

moi aussi je veux
faire ma part pour le monde !

Bon voyage et belles vacances !

C'est le moment de penser à **voyager mieux** et autrement ! Je veux dire de manière **éthique**, **responsable** et **solidaire**, d'imaginer de **magnifiques** micro ou grandes **aventures** avec une **âme**. Quel beau **programme** !
Go ! Mes cocos, foncez !

Traverser les Cévennes à dos d'âne ???
NON PITIÉ !!!
M'initier à la peinture sur soie ?
ARGHHH !!! VOUS VOULEZ MA MORT ???
ALLEZ ! COURAGE ! JE SUIS SÛRE QUE JE VAIS TROUVER UNE IDÉE DE OUF POUR PASSER LES MEILLEURES VACANCES DE MA VIE !!!

WAOUH !
ON EST TOUS ALLÉS CAMPER DANS LA NATURE ET ON A ADORÉ !
Je confirme ! On s'est amusés comme des fous !
C'était si chouette ! J'ai rajeuni !

Quand même, un éco-lodge, ce serait pas du luxe ...
C'était les meilleures vacances de notre vie !!!
J'ai allumé le feu tous les soirs !
Quelle paix et quelle sérénité, je reviens l'année prochaine les amis !

Tu rêves de liberté, de simplicité, de grands espaces et de nuits étoilées ? Pars en van !

0 = NUL
10 = MAX

liberté	12
coolitude	15
émerveillement	18
probabilité de se faire bouffer par une bête sauvage	8
probabilité de mourir empoisonné par une plante	9
niveau de pollution (par rapport à un hôtel ou une maison)	1
budget	1
reconnection à ta nature sauvage	10
ménage à faire	1
possibilité de rencontrer de nouveaux amis hippies-cool-open-minded	8
réservation et prise de tête avant le départ	2
sentiment d'être jeune et aventurier	25

Moi aussi Cocotte, c'est tout ce que j'aime...
Darling, je rêve d'un spot avec accès à une plage paradisiaque, d'un ciel cosmique inoubliable, d'un silence rompu seulement par le chant des oiseaux, d'une pleine lune incandescente, et de la dune parfaite pour un apéro au coucher du soleil...
OK ! Reçu 5/5 !
route infinie de la liberté et du fun

Vive le vélo et la marche !

Tu n'es pas obligé d'aller jusqu'en Chine mon lapin, mais peut-être jusqu'au boulot ? Tu vas récolter le **bénéfice merveilleux** d'un **esprit lumineux** dans un **corps de rêve.**

Depuis nos bonnes résolutions

Bon, OK LE CHANGEMENT EST COMPLÈTEMENT EXAGÉRÉ !
Mais tu as pigé, hein ? C'est pour mieux te motiver !

Youpi ! Youpi ! Oublie ta voiture au max baby !

On t'a préparé une liste un peu **folle** des **avantages géniaux** des transports en commun !

Temps de lecture = 2 secondes ! Vas-y !!!

Tu n'as pas besoin de gonfler les pneus du bus, de laver le métro ou de passer l'aspiro dans le train, de payer l'assurance du tramway. Tu peux **lire**. **Fermer les yeux** pendant tout le trajet ou même **roupiller**. Tu peux **manger**. Tu ne paies pas l'essence. Tu ne prends pas de prune si tu gares mal le métro. Tu peux même être dans un léger état d'ébriété sans aucun danger. Tu ne galèreras JAMAIS pour garer ton train. Tu ne perdras pas de points pour excès de vitesse. Si le métro écrase un humain, ce n'est pas parce que tu étais au téléphone et que tu n'as pas fait gaffe, tu n'iras donc pas en prison à vie. Il est très improbable que le conducteur d'un autre véhicule t'insulte violemment et personnellement si ton bus lui fait une queue de poisson. Tu n'auras jamais non plus une bande d'abrutis derrière toi qui deviennent dingos avec leur klaxon parce que tu n'as pas démarré ton train assez vite au feu vert. Si un passager vomit dans le bus, ce n'est pas toi qui dois nettoyer (**ça c'est vraiment un avantage inestimable**) Pareil pour les odeurs étranges et les poils de chien qui pourraient imprégner les sièges du véhicule que tu empruntes : ce n'est pas ton problème. Assis tranquillement dans ton train ou ton bus, tu peux avoir des **bouffées de fierté** à l'idée que tu ne pollues pas, que donc tu n'aggraves pas la **santé précieuse** et fragile de tous les humains. Tu n'alourdis pas le trafic routier non plus. Tu peux scruter le visage de tous ces inconnus en te demandant ce qu'ils peuvent bien faire dans la vie (s'ils ont une **vie heureuse**, des habitudes étranges, un boulot pas terrible ou un **boulot génial** et où ils peuvent bien aller aujourd'hui ?). D'ailleurs tu peux même carrément leur poser la question à tes risques et périls ! Tu peux aussi leur **inventer** des vies. Tu peux faire des **rencontres très intéressantes**. Tu peux même rencontrer **l'amour**, avoir un **coup de foudre**. Tu peux **rêver** ! Pour **sauver le monde et ta santé mentale**, prends les transports en commun !

Yes you can !

(page spéciale motivation)

DÉGONFLÉS...

Et hop ! Dépose trois gouttes de cette huile essentielle miraculeuse sous ta langue chaque matin !
REBOOSTÉS !
YEH ! JE SUIS PRÊTE !
YES !! I CAN !!!
huile essentielle
10 ml
YOUHOU !
Je les regonfle grâce à ma pompe magique !
DEBOUT ! LE FUTUR A BESOIN DE MOI !
Promis Je vais faire mon max !!!

Et voilà plein de petits gestes simples (ou un peu moins) qui font une énorme différence !

Tu les adoptes ?

Trouve les 2 premiers intrus ici

Choisis des ampoules écolos.

Danse au moins une minute par jour.

Imprime recto-verso.

Apprends à respirer correctement.

Va chez le coiffeur, demande-lui de déposer
une couronne de reine sur ta tête.

Souris souvent à des inconnus.

Fais des gestes gentils et gratuits, juste pour le plaisir.

Marche toujours la tête haute et le cœur grand ouvert,
prêt.e à embrasser toutes les jolies opportunités
que la vie a envie de t'offrir.

Éteins la lumière dès que tu quittes une pièce.

Baisse le chauffage chez toi, porte un pull !

Remplis complètement ta machine à laver
avant de lancer le programme.

Adopte un animal à quatre pattes
et chevelure blonde.

Essaie d'être vraiment sympa, avec tout le monde,
même avec les gens qui t'énervent,
(oui je sais c'est dur)

et le dernier intrus ici

↓

Promets-toi de faire confiance à la vie.

Fais-toi tatouer un truc hyper intelligent et fluo sur le bras, en bas de ton dos ou sur une fesse.

Chaque matin, avant de sortir de ton lit, choisis de donner le meilleur de toi-même tout au long de cette belle journée.

Promets-moi de te faire confiance, à toi-même.

Pose ce livre à côté de ton lit, dans la salle de bain ou dans la cuisine, ouvre souvent une page au hasard et lis-la.

Essaie de ne pas trop juger : ni toi-même, ni les autres, ni les situations (c'est complètement inutile) (oui je sais c'est hyper dur !).

Choisis des appareils ménagers écolos.

Inspire les autres par ta lumière et la sagesse de ta nouvelle façon de vivre (sans leur coller de pression, hein, promis?).

Couvre tes casseroles quand tu cuisines.

Limite ta pollution numérique (regarde sur internet).

Dis-toi que le nouveau, le changement et l'inconnu sont excitants !

Dis bye bye à tout ce qui ne te rend pas heureux dans la vie (petit à petit, pas forcément dans un ouragan baby !)

Elle est beaucoup trop longue ta liste, ma beauté ! Je suis sûr que tu perds tout le monde...
WISE MAN
Tu as raison my love...
Chat-Bouddha, t'aurais pas une idée rigolote pour détendre nos lecteurs ?
Mais si ! Bien sûr ! Tournez-vite la page !

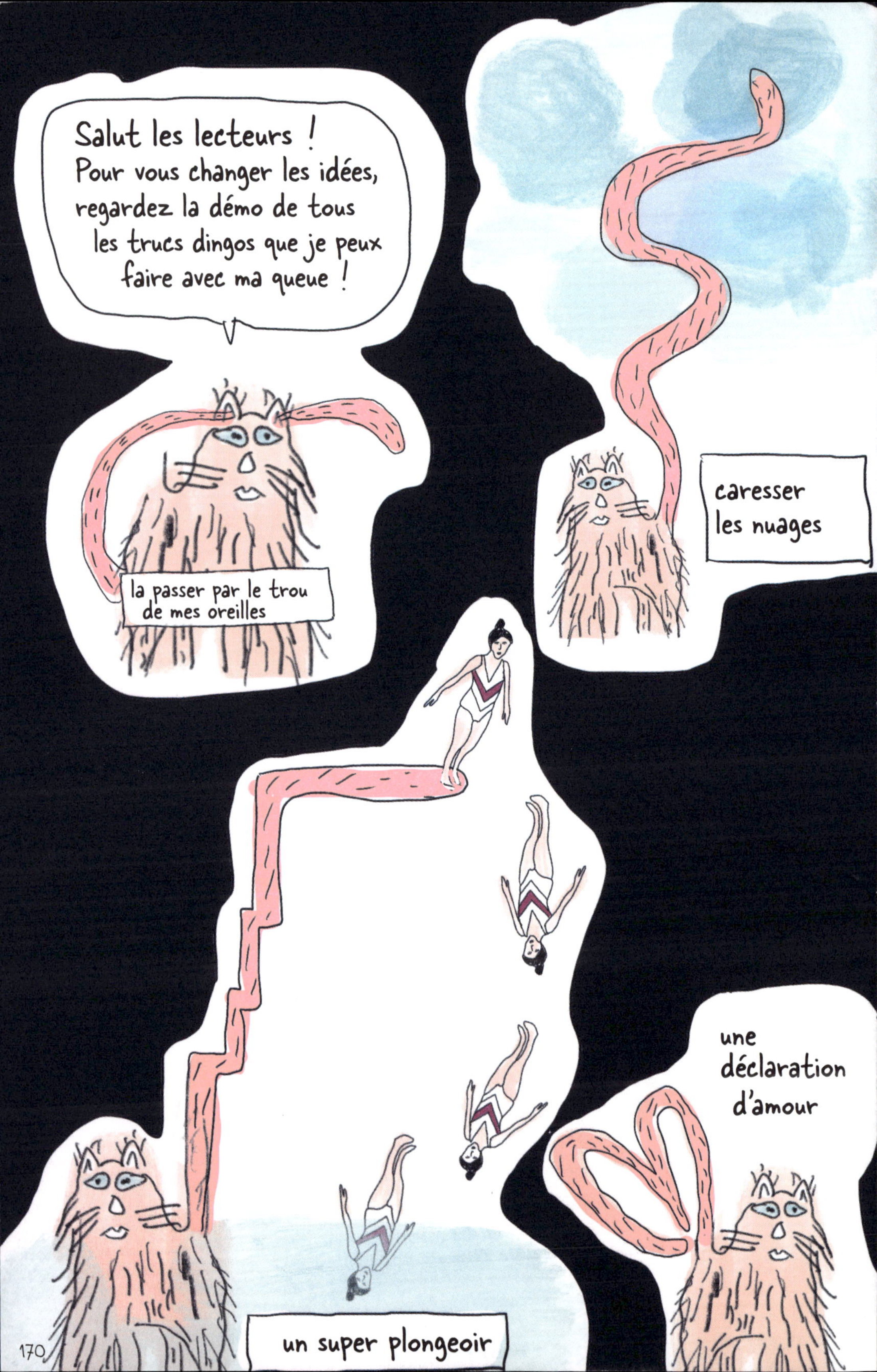
Salut les lecteurs ! Pour vous changer les idées, regardez la démo de tous les trucs dingos que je peux faire avec ma queue !
la passer par le trou de mes oreilles
caresser les nuages
un super plongeoir
une déclaration d'amour

un grand looping !
Arrête ça tout de suite Chat-Bouddha !! Tu gâches une page double ! Juste pour frimer !
C'est un livre engagé pour sauver les humains et la planète, pas un documentaire animalier !
un manche à balai

Tu arrives
à la fin
de ce livre
mon chou !

Coche une case →

☐ Je suis à fond !

Je vais appliquer un maximum de conseils dès maintenant.

☐ J'ai envie de changer des choses mais j'ai encore un peu la flemme.

☐ Je n'ai pas du tout envie de me bouger les fesses.

Si tu as coché une de ces cases, relis ce livre autant de fois que nécessaire ☺

CiAO ! BYE BYE MON CHOU ! J'Ai ADORÉ iNVENTER CE LiVRE POUR TOi...

JE SUIS VRAIMENT TRISTE DE TE QUiTTER...

JE TE SOUHAITE LA PLUS JOLiE ViE DU MONDE !

ET JE T'ENVOiE PLEiN DE **LOVE** ♡

À BiENTÔT J'ESPÈRE !

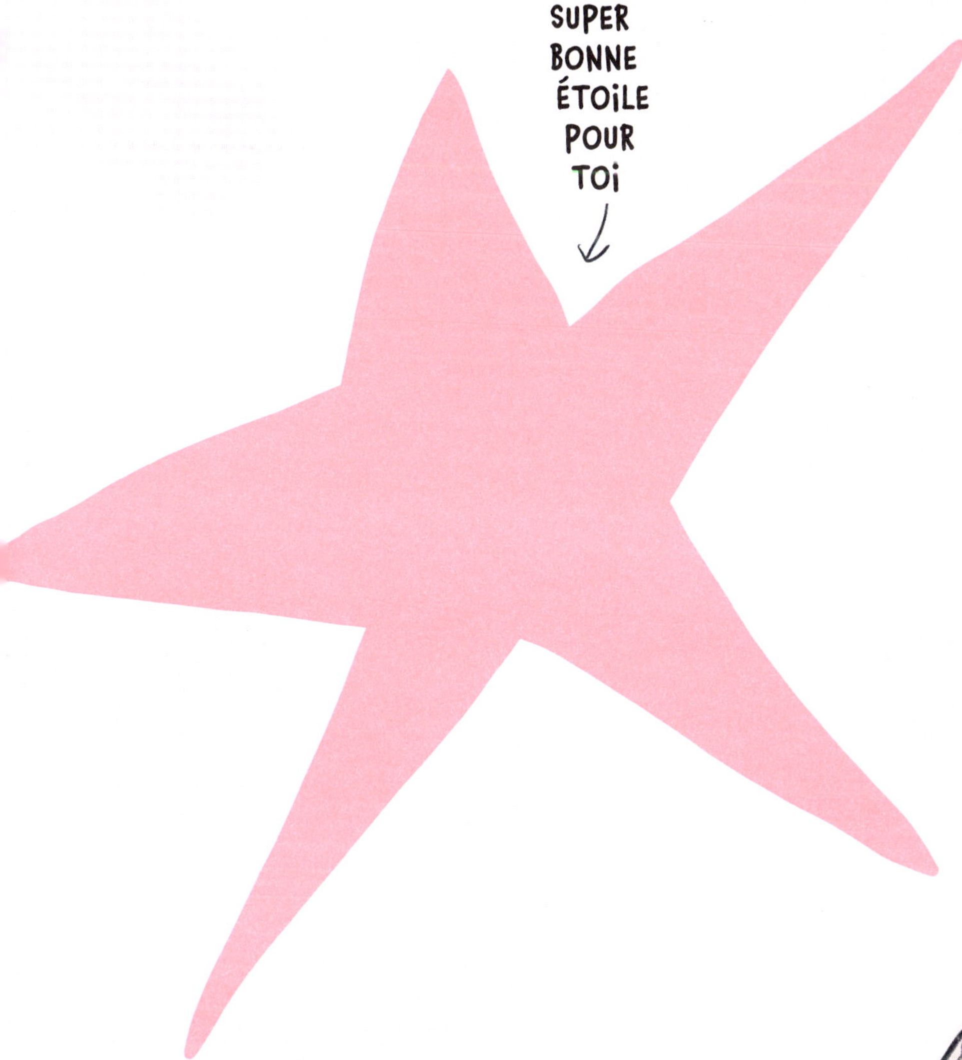

Ben moi perso,
je suis **RAVI**
que ça se termine.
Je préfère
les bouquins
policiers
américains
avec du suspens,
de la bagarre
et du sang.

Bye !

je remercie :

la magie de la vie,
Marco, Cloclo, Clem, Gabin, Loulou
mes grands amours,
Carola, Lieve, Laetitia et Sophie
les fées sans lesquelles
ce livre n'existerait pas.

et je vous
présente
mon éléphant bleu indien,
porte-bonheur
de toutes
mes aventures

rapporté
du Rajhastan
lors de mon premier
voyage en Inde

Ouais !
C'est vrai !
Je porte chance !!!

© 2022, Editions Nathan, SEJER,
92 avenue de France 75013 PARIS

ISBN : 978-2-09-249693-0
n° éditeur : 249693/102728099
Dépôt légal : octobre 2022
Achevé d'imprimé en août 2022
par CLERC 18200 Saint-Amand-Montrond France

FSC www.fsc.org
MIXTE
Papier issu de sources responsables
FSC® C022030